"PAW-NO"
for good dog

Tree eats!!

"PAW NO" for good dog

Copyright page

Copyright owner – tobias botwood

Year of publication - 2024

ISBN: 9798329447477

Imprint: Independently published

Cover design by: toby

Library of Congress Control Number: 2018675309

Printed internationally

Contents

"PAW NO" for good dog

Chapter 1 - woof woof grr

Awoo wo woof woof, raf ra woof woo woof.

Woof, woof gggrrrr grr ggggrrr woof ra grr!!

Woof woo, woo wooff.

Chapter 2 - Ra woo awoo woof woof

Raf raf raf wo wo raf woof woof.

Woof woof wo, raf ra woo woo.

Chapter 3 - Woof wa wo woof

Woof Roof, wo wo wa woof woof.

Waurf waurr urr wau woof wo.

Wo.

Chapter 4 – Woof rha raa woof

Awoo awoo woo wo woof.

Woo woof woof woof.

Roof roof, wa wo wo.

Chapter 5 – Awoo woof woof

Woof woof woof, woo woo awoo.

Raf raf wo woof woof, ru woof woo wa.

Chapter 6 – Woof wa woof

Woof woof woof, wa wo waur warf wooo woof.

Woo rha rha woo woof.

Chapter 7 – Woof woof

Warf wo woo warf woof.

Woof waa woo woof wa wo wauf.

Chapter 8 – Woof rha raa woof

Awoo awoo woo wo woof.

Woo woof woof woof.

Roof roof, wa wo wo.

Chapter 9 – woof woof grr

Awoo wo woof woof, raf ra woof woo woof.

Woof, woof gggrrrr grr ggggrrr woof ra grr!!

Woof woo, woo wooff.

Chapter 10 – Ra woo awoo woof woof

Raf raf raf wo wo raf woof woof.

Woof woof wo, raf ra woo woo.

Chapter 11 – Awoo woof woof

Woof woof woof, woo woo awoo.

Raf raf wo woof woof, ru woof woo wa.

Chapter 12 – wo woo woof

Wo woo woof, woo woo awoo.

Raf raff wawo woof woof, roof woof woo wa.

Woof woof, grr gawoo ra wo.

Chapter 13 – woo woof

Woof, woo woof rawoo.

Raf raff wawo wawo waof, roof woof woo wa.

Woof grrr wo, grr gawoo wof.

Chapter 14 – rawoo wo woo

Wawoo, rawoo woo woof woof woof.

Rawo wa wa wa woof, roof woof woo wa.

Wooo, grr grawoo woof.

Chapter 15 – wof gr woof grr

Aoo wo woof woof, ra woof woo woof.

Woof, woof ggrrr grrr rrrr woof ra grr!!
Woof woo, woo woof.

Chapter 16 – woof woof grr

wowo o woo woof

Oo woo woof, woof wo awoof.

Raf aaaff wa wo woof woof, woof woo wa.

Woof wo grr woof, grr gawoo ra wo.

Chapter 17 – Wooof aaw raa woof

Awoo grr awoo woo waa woof.

Woo woof woof woof.

Woof roof, woof grra wo wo.

Chapter 18 – woof

Woof woof, ra woof grr woo woof.

Woo, woof grrr rrrr woof ra grr!!

Raf raf roof woow, woof wo.

Chapter 19 - Woof wa wo woof

Waurf waurr urr wau woof wo.

Wo.Woof Roof, wo wo wa woof woof.

Chapter 20 – Woof rha raa woof

Awoo awoo woo wo woof.

Roof roof, wa wo wo.

Woo woof woof woof.

Chapter 21 – Awoo woof woof

Woof woof woof, woo woo awoo.

Raf raf wo woof woof, ru woof woo wa.

Chapter 22 – Woof wa woof

Woo rha rha woo woof.

 Woof woof woof, wa wo waur warf wooo woof.

-woo rraf-

9 7 9 8 3 2 9 4 4 7 4 7 7